A Tapir on the star

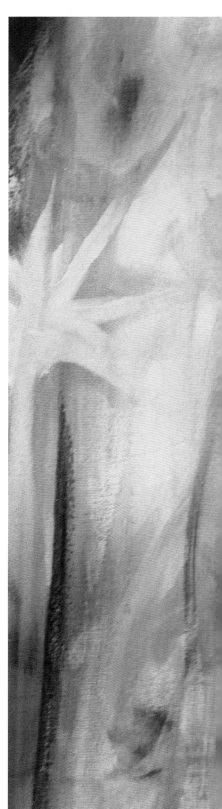

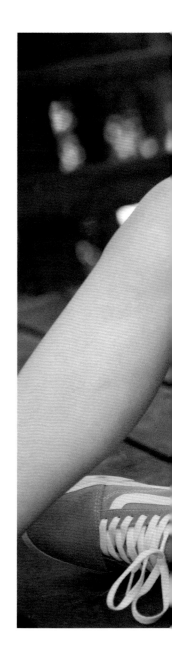

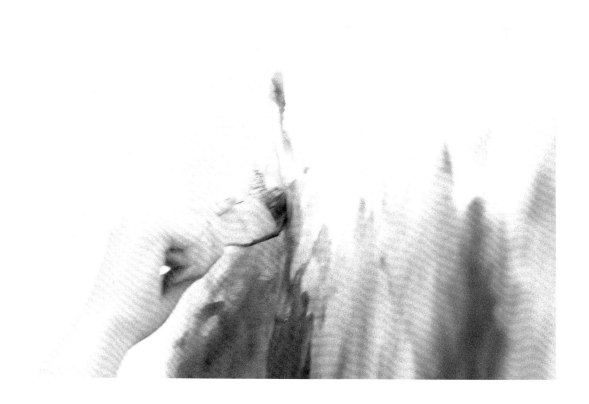

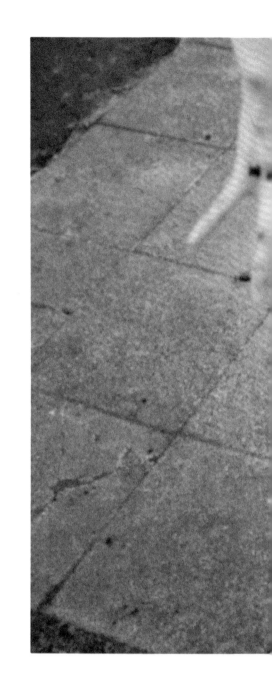

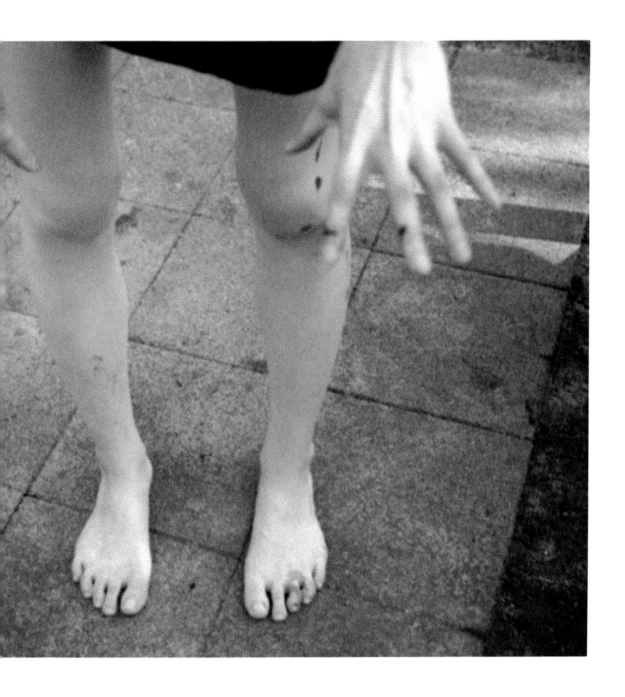

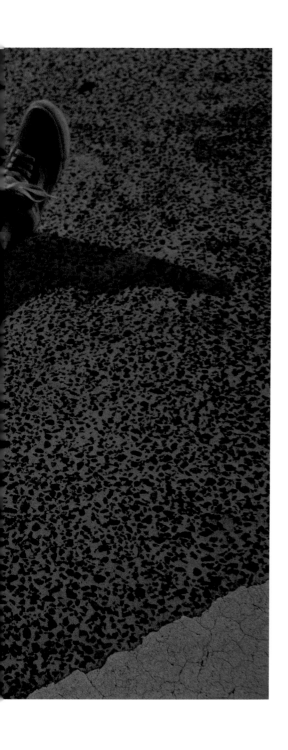

A Tapir on the star

2022 年 2 月 23 日　初版第一刷発行

Model　光宗薫
Art Direction & Photo　四方あゆみ（Rooster）
Hair & Make　佐々木篤（GLUECHU）

Transworld Japan Inc.
Produce　斉藤弘光
Sales　原田聖也

発行者　佐野 裕
発行所　トランスワールドジャパン株式会社
　　　　〒150-0001 東京都渋谷区神宮前 6-25-8
　　　　神宮前コーポラス
　　　　Tel：03-5778-8599　Fax：03-5778-8590

印刷・製本　株式会社グラフィック

ISBN 978-4-86256-338-5
2022 Printed in Japan
ⒸTransworld Japan Inc.